EMF3-0049
合唱楽譜＜J-POP＞

J-POP
CHORUS PIECE

合唱で歌いたい！J-POPコーラスピース

女声3部合唱

Jupiter

作詞：吉元由美　　作曲：Gustav Holst　　合唱編曲：田中達也

••• 曲目解説 •••

　クラシックの名曲である、ホルストの組曲『惑星』より「木星」。その雄大で親しみやすいメロディーはたくさんの人に愛され続けています。日本では、平原綾香がこの曲に詞をのせて歌ったポップス版が有名です。今回の合唱楽譜は、このポップス版をアレンジ。女声3部合唱で奏でる、あたたかく豊かなハーモニーをお楽しみください。

合唱で歌いたい！J-POPコーラス

Jupiter

作詞：吉元由美　作曲：Gustav Holst　合唱編曲：田中達也

© 2003 Dreamusic Publishing Inc., Nichion Inc. & Nihon Geino Publishers Co., Ltd.

MEMO

Jupiter

作詞：吉元由美

Every day I listen to my heart
ひとりじゃない
深い胸の奥で　つながってる
果てしない時を越えて　輝く星が
出会えた奇跡　教えてくれる
Every day I listen to my heart
ひとりじゃない
この宇宙(そら)の御胸(みむね)に　抱(いだ)かれて

私のこの両手で　何ができるの？
痛みに触れさせて　そっと目を閉じて
夢を失うよりも　悲しいことは
自分を信じてあげられないこと
愛を学ぶために　孤独があるなら
意味のないことなど　起こりはしない

心の静寂(しじま)に　耳を澄まして

私を呼んだなら　どこへでも行くわ
あなたのその涙　私のものに

今は自分を　抱(だ)きしめて
命のぬくもり　感じて

私たちは誰も　ひとりじゃない
ありのままでずっと　愛されてる
望むように生きて　輝く未来を
いつまでも歌うわ　あなたのために

エレヴァートミュージックエンターテイメントはウィンズスコアが
展開する「合唱楽譜・器楽系楽譜」を中心とした専門レーベルです。

ご注文について

エレヴァートミュージックエンターテイメントの商品は全国の楽器店、ならびに書店にてお求めになれますが、店頭でのご購入が困難な場合、下記PC＆モバイルサイト・FAX・電話からのご注文で、直接ご購入が可能です。

◎PCサイト＆モバイルサイトでのご注文方法
　http://elevato-music.com
　上記のアドレスへアクセスし、WEBショップにてご注文ください。

◎FAXでのご注文方法
　FAX.03-6809-0594
　24時間、ご注文を承ります。上記PCサイトよりFAXご注文用紙をダウンロードし、印刷、ご記入の上ご送信ください。

◎お電話でのご注文方法
　TEL.0120-713-771
　営業時間内に電話いただければ、電話にてご注文を承ります。

※この出版物の全部または一部を権利者に無断で複製（コピー）することは、著作権の侵害にあたり、著作権法により罰せられます。

※造本には十分注意しておりますが、万一、落丁・乱丁などの不良品がありましたらお取り替えいたします。また、ご意見・ご感想もホームページより受け付けておりますので、お気軽にお問い合わせください。